EXTRAIT

DES

MÉMOIRES INÉDITS

D'UN VIEUX MARIN.

EXTRAIT

DES

MÉMOIRES INÉDITS

D'UN VIEUX MARIN.

Ma santé, profondément altérée par suite de l'ardeur que j'ai mise dans les fonctions publiques, m'a forcé de les quitter, il y a plus de cinq ans (1).

Contraint, par le besoin d'un repos absolu, de me tenir éloigné des orages journaliers du présent, et voulant cependant éviter l'ennui de l'oisiveté complète, j'ai reporté ma pensée sur le passé, et d'abord naturellement sur le mien, qui date de loin.

(1) Le 25 juillet 1843.

Parmi les épisodes nombreux (et parfois bien dramatiques) d'une longue et laborieuse carrière, j'y ai promptement retrouvé celui de tous qui m'a le plus rempli d'anxiété et d'inquiétude, et qui a laissé dans mon souvenir la trace la plus ineffaçable : je veux parler du voyage que fit, au mois d'août 1840, le roi Louis-Philippe, du port de Tréport à Calais, dans lequel j'eus l'honneur d'accompagner Sa Majesté, comme son ministre de la marine.

Sous l'immédiate et vive impression de cet incident, j'en ai consigné le récit dans mes *Mémoires*, qui ne paraîtront qu'après moi (ainsi que je le crois convenable pour tout récit d'événements dont la plupart des acteurs ou témoins existent encore), et je persévérerai dans cette réserve au sujet de mes *Mémoires*.

Cependant, l'émotion qu'a reproduite en moi la lecture de l'épisode dont je parle (quoiqu'il date de plus de huit ans) est encore si vive, que je ne résisterai pas plus longtemps au désir de la faire partager à mon fils et à quelques-uns de mes amis, pour lesquels je crois sans inconvénient de faire imprimer ce récit : certain qu'ils y trouveront, comme moi, un exemple profitable d'une grande fermeté de caractère en présence d'une contrariété très-piquante qui pouvait donner lieu à des dangers de plus d'une espèce : spectacle toujours digne d'intérêt et d'admiration.

Voici ce récit :

Au mois d'août 1840, je me trouvais, depuis trois jours, au château d'Eu, où j'avais été invité par le Roi, à mon tour, comme mes collègues du cabinet du 1er mars, quand Sa Majesté me fit connaître son projet de se rendre par mer à Boulogne, pour remercier les autorités municipales et la population de cette ville, du patriotisme qu'elles avaient montré lors de l'échauffourée du jeune Louis Bonaparte quelques jours auparavant (6 août).

Nous étions au 16 de ce mois; le temps, qui avait été très-mauvais jusqu'au 12, s'embellissait; les baromètres remontaient; la lune était au plein, et nous étions dans la plus belle saison de l'année : tout s'accordait donc pour faire espérer une heureuse traversée dans un court trajet de vingt-cinq lieues; tout le monde y comptait.

Le Roi, une partie de sa famille (1) et de sa suite, s'embarquèrent au Tréport, le 16 août, à onze heures et demie du soir, sur la corvette à vapeur *le Véloce,* de 220 chevaux, de la station de ce port, chargée, en outre, d'essayer un système nouveau de mâture et de gréement en fer, que le Roi désirait voir fonctionner, et dont il augurait avantageusement. Le bâtiment passait pour avoir de bonnes qualités de navigation.

Nous partîmes par un vrai temps de fête, ayant à la remorque les canots royaux. On fit route directement pour Boulogne, sous la double impulsion de la voile et de la vapeur, dans le dessein d'arriver devant ce port, au premier moment favorable de la marée; c'est-à-dire, dès qu'il y aurait assez d'eau dans les jetées pour débarquer le Roi et sa suite avec le bâtiment. Ce moment calculé était quatre heures du matin du lendemain.

D'abord tout alla bien. Le vent au sud-est

(1) Voir, à la fin de la brochure, les listes nominatives des personnes embarquées sur *le Véloce*, au mois d'août 1840.

était faible et la mer belle; tout s'annonçait, je le répète, sous les meilleurs auspices.

Le Roi, resté sur le pont, se promenait, en causant avec les officiers et les personnes de sa suite.

Mais, vers une heure, le vent fraîchit considérablement, et la vitesse s'accrut. Les hommes placés dans les canots royaux pour en prendre soin, manifestèrent quelques craintes sur la rapidité du sillage. Le Roi, plein de bonté pour tous ceux qui l'approchent, désira qu'on ralentît la vitesse. Il n'y avait pas de danger; je l'assurai au Roi, lui faisant observer « que la marée, « ne comptant pas avec nous, pourrait bien ne « pas nous attendre. » La sollicitude royale devait prévaloir; elle prévalut, et l'on serra les voiles. C'est au retard qui en résulta que sont dus les accidents qui suivirent.

Nous n'arrivâmes devant Boulogne qu'à six heures, au lieu de quatre. La marée avait trop baissé pour que *le Véloce* pût entrer dans le port avec toute sécurité, en même temps que la mer parut trop grosse pour employer commodément les canots au débarquement du Roi et de la famille royale. Il fallut donc différer, et attendre la marée de midi.

Le Roi, toujours de belle humeur dans ses excursions, se résigna d'autant plus volontiers à ce délai, qu'il espéra qu'il rendrait le débarquement des Princesses plus facile. On mouilla deux ancres devant le port, et l'on déjeuna.

Mais bientôt, le vent augmentant, la mer grossit. Le temps prit une mauvaise apparence; et les pilotes de Boulogne déclarèrent qu'il ne serait pas prudent d'attendre, au mouillage, une *saute de vent* de N.-O. qui s'annonçait; et qu'il vaudrait mieux tenir le bâtiment appareillé sous sa machine, à proximité du port, jusqu'au moment propice de la marée. Ce conseil était sage : on leva les ancres, et l'on manœuvra pour attendre qu'il y eût assez d'eau pour entrer.

Soit que la machine du *Véloce* fût trop faible pour le bâtiment, ou que les courants fussent plus violents ce jour-là qu'à l'ordinaire, on ne put pas le maintenir devant le port. Le bâtiment dériva dans l'Est, et s'approcha de Calais, quelque effort qu'on fît pour l'éviter.

Or, la largeur de l'entrée de Calais, comme celle du port de Boulogne, n'excède que de très-peu de mètres la longueur du *Véloce* (1) ; il était donc à craindre que, du temps qui régnait et empirait, l'entrée ne fût difficile. Les pilotes de Calais, qui s'étaient présentés, n'avaient pas pu s'embarquer ; mais ceux de Boulogne se firent forts de les suppléer ; et comme il n'y avait aucun motif de douter de leur capacité, dans des localités si rapprochées, leur offre fut acceptée.

Dans cette partie de la Manche, et avec les vents régnants, le seul abri qui fût à portée, hors de France, était la côte d'Angleterre ; mais, en ce moment, nous étions en de trop mauvais termes avec cette puissance pour aller lui demander asile. Personne n'y pensa donc (et le Roi et moi moins encore que tout autre). On résolut d'entrer à Calais ; mais il fallait attendre trois heures pour qu'il y eût assez d'eau dans les jetées. Le temps devint de plus en plus mauvais ; une pluie battante, continuelle, s'y joignit, la mer furieuse couvrit incessamment le bâti-

(1) La longueur du *Véloce* est de 61 mètres 45 centimètres ; la largeur du port de Boulogne, de 70 mètres ; celle de Calais, de 90 mètres.

ment. Le Roi, resté sur le pont, malgré nos instances, supporta ces contrariétés avec la plus grande fermeté ; en butte, pendant plus de trois heures, aux coups de mer, à la pluie, à un froid devenu glacial, aux violents roulis causés par une mer bouleversée par les courants et la tempête, il fut impassible, ne montra pas un symptôme de découragement ni même d'impatience ; et l'on peut affirmer qu'en ce moment, il montra plus de vraie gaieté que tous ceux qui l'accompagnaient. Une fois seulement (et pour son ministre seul), il parut se souvenir qu'à peu de jours de là, et sur un point même de la côte voisine, une tentative de détrônement l'avait menacé et pouvait se renouveler ; le lieu, la circonstance actuelle, certain esprit de vertige repandu dans l'air, pouvaient suggérer de sombres pensées : le Roi en eut une, mais qui ne dura qu'un moment, comme un éclair dans la tempête ; il revit sur-le-champ briller son étoile, et la sérénité la plus parfaite reparut sur le front prédestiné du Monarque providentiel, qui avait pu dire déjà six fois, en moins de dix ans, à sa femme, à sa sœur, à ses enfants : « Ce n'est rien, c'est un « coup de pistolet tiré en l'air. »

Enfin, à trois heures, nous arrivâmes devant le port de Calais; on gouverna sur les jetées, sous toute la vitesse possible au *Véloce* (neuf nœuds), en tâchant de le tenir dans l'axe du port. On doubla, à petite distance, la jetée de l'Ouest; mais quoique le gouvernail fût rangé tout à bâbord, la marée prit le bâtiment par le travers, et le lança comme une flèche contre la jetée de l'Est, qu'il aborda de bout-au-corps. Heureusement elle était en réparation, ouverte précisément dans sa partie abordée ; et *le Véloce* put être introduit entre quatre fermes séparées à fleur d'eau. Il s'arrêta un peu au-dessous de la banquette de la jetée. La grosseur des lames rendait le débarquement difficile, mais non impossible. Aucune indécision ne parut ; grâce au courage, au sang-froid du Roi et au dévouement passionné de tous les hommes de l'équipage; en dix minutes le Roi, sa famille et leur suite furent en sûreté sur la jetée. J'éprouvai dans ce moment (on le croira aisément) une des plus grandes joies de ma vie.

A cinq heures, Sa Majesté passait en revue la garde nationale et la garnison de la ville, aux acclamations de la foule accourue pour la féliciter d'avoir échappé à un tel danger.

Le Roi étant réuni à sa famille et à la Reine qui venait d'arriver de Boulogne par la voie de terre (1), je restai à bord du *Véloce* pour veiller à sa remise à flot, si elle était possible. Il faisait peu d'eau. La mer baissant rapidement, la hauteur des lames diminua bientôt, et il s'échoua sur un fond plat. On reconnut qu'il avait peu de dommages dans sa carène.

Le capitaine de vaisseau Béchameil s'occupa activement de le dégager de la jetée : on y réussit bientôt, au moyen des secours qui furent prodigués avec un zèle digne d'éloge, par les autorités du port. A minuit, *le Véloce*, remis à flot

(1) La Reine, restée au château d'Eu, après le départ du Roi, avait bientôt pressenti la tempête qui allait assaillir *le Véloce* dans la Manche; très-alarmée, elle était partie dès le matin, le 17, pour Boulogne; parvenue sur les hauteurs de la côte, son regard put suivre toute la lutte du bâtiment et son échouage sur la jetée de Calais; enfin, la Reine arriva dans la ville presque en même temps que le Roi. Le danger s'était donc passé, *cette fois*, sans qu'elle pût le partager, mais assez près d'Elle encore pour en être témoin et frémir.

et dans le milieu du chenal, était prêt à être remonté au fond du port, quand un tourbillon de vent furieux, rompant toutes ses amarres, le lança de nouveau sur la jetée qu'il venait de quitter, mais sans s'échouer.

Alors je résolus de prendre la mer et d'entrer le bâtiment à Dunkerque, tant pour éviter d'autres avaries, que pour réparer celles qu'il venait de faire dans ce second abordage. Elles étaient considérables : la roue de bâbord était brisée ; l'axe de rotation faussé ; toutes ses embarcations perdues, ainsi que deux ancres ; et une partie de l'équipage qui s'était précipitée pour défendre l'abordage, était restée sur la jetée, sans avoir pu se rembarquer ; quelques hommes même, tombés à la mer, s'étaient noyés.

Chassé de Boulogne et de Calais par la tempête qui augmentait toujours, nous n'avions de relâche, sur la côte de France, que le port de Dunkerque. Mais ce port, comme les précédents, est également un port de marée de difficile accès avec le temps qui régnait ; si on le manquait, il faudrait peut-être s'engager dans les bancs de Flandre, dangereux pour les bâtiments d'un fort tirant d'eau, tel que *le Véloce,* qui, comme on vient de le voir, manquait de combustible, d'ancres, d'embarcations et du quart de son équipage. En outre, nous n'avions pas de pilotes de Dunkerque; ceux de Calais, restés à bord, s'offrirent encore d'y suppléer.

On sait que, devant Dunkerque, les marées ne sont pas moins fortes que devant Boulogne et Calais, et que ses jetées ont été successivement prolongées au large à mesure que la profondeur a diminué, par suite du retrait progressif de la mer sur cette partie des côtes de France dans la Manche. Enfin, la tempête continuant, on devait s'attendre à ce que les obstacles éprouvés à Boulogne et Calais, se retrouveraient devant Dunkerque. Mais *le Véloce* n'avait plus le choix de sa relâche.

Nous nous dirigeâmes donc sur ce port avec les deux pilotes, le capitaine du port, le syndic des gens de mer de Calais restés à bord après l'abordage, et dont la pratique des lieux inspirait toute confiance. Quand on eut bien reconnu les passes de la rade de Dunkerque, ils s'y engagèrent avec hardiesse, sous toute la vitesse du bâtiment. Parvenu à petite distance de la jetée de l'Ouest, on s'efforça encore, à l'aide du gouvernail et des voiles, de le maintenir dans le milieu de l'entrée; mais l'inertie résultant de l'excès de longueur du bâtiment, étant la même, eut le même effet; la marée le prit par le travers et le lança de nouveau sur la jetée de l'Est, mais cette fois sous un angle très-aigu, dont l'un des côtés, formé de madriers jointifs très-résistants, fit rejaillir le bâtiment le long de la jetée jusqu'à la moitié de la profondeur du port, où il s'arrêta, au milieu de la foule attirée sur les quais, pour jouir sans danger, du spectacle de la tempête à laquelle *le Véloce* venait d'échapper presque miraculeusement (1).

C'est du port de Dunkerque que j'étais parti, pour la première fois, comme mousse, à l'âge

(1) On voit, par ces exemples, que le *plan du Véloce* et de ses pareils doit être rectifié considérablement; d'une part, sa machine est trop faible (comparativement à ses dimensions et à son déplacement) pour imprimer au bâtiment la vitesse nécessaire pour vaincre un fort courant; en second lieu, la longueur exagérée de sa quille frappe d'inertie son gouvernail et neutralise presque entièrement son action. Or, c'est principalement dans la puissance de surmonter le vent et de forts courants que réside surtout le mérite des bâtiments à vapeur. On doit tenter de nouveaux efforts pour la leur donner.

de douze ans, le 3 janvier 1793. J'y rentrais donc quarante-quatre ans après, vice-amiral et ministre de la marine. Ma première pensée fut de rendre grâce à l'auteur d'une protection si visible dans une longue et laborieuse carrière.

J'éprouvai, dans cette circonstance, une autre vive satisfaction. J'aperçus dans la foule qui couvrait les quais, un petit vieillard autour duquel on semblait se ranger avec une sorte de déférence. Je reconnus en lui M. Petit-Genet, professeur d'hydrographie en retraite, qui avait été mon maître de mathématiques (seul maître que j'aie eu dans ma vie). Je lui devais beaucoup de reconnaissance. Mon père était mort peu de jours avant que je dusse me présenter à l'examen d'élève de la marine, et je touchais à l'âge de vingt ans, passé lequel on ne pouvait plus concourir. Cette grande perte pour moi m'avait accablé et découragé; je n'osais pas me présenter, crainte d'échouer à l'examen. M. Petit-Genet m'avait reconforté, et en quelque sorte forcé, par ses instances, de me présenter au concours; je fus reçu. Je lui devais donc, en grande partie, ma carrière; car, ainsi que je l'ai dit, j'étais à l'âge critique, passé lequel on ne pouvait plus concourir, et je serais resté matelot, comme je l'étais depuis cinq ans, si je ne me fusse pas fait examiner.

Je n'avais revu que deux fois seulement, depuis, M. Petit-Genet ; mais je lui avais écrit de tous les points du monde où je m'étais trouvé, et toujours il m'avait répondu. Ce fut donc avec un vif plaisir que je l'embrassai sur le pont du *Véloce*, où il fut littéralement porté par cette bonne population de marins dont il était l'idole, pour en avoir élevé presque tous les fils pour le métier de la mer. Je l'embrassai, je le répète, avec un plaisir qu'il me parut partager (1).

A mon retour au château d'Eu, le Roi mit le comble à ma satisfaction, quand, lui ayant rendu compte de ma rencontre avec mon vieux maître, Sa Majesté voulut bien, sur ma de-

(1) M. Petit-Genet vient de mourir, à l'âge de quatre-vingt-cinq ans. M. le maire de Dunkerque, en m'en informant, m'a fait savoir que beaucoup d'habitants de cette ville projetaient un modeste monument de leur reconnaissance à M. Petit-Genet. Je me suis empressé de m'associer à leur projet, et j'apprends que le monument voté vient d'être placé sur la tombe du vieux professeur, objet de la vénération et des regrets publics.

mande, lui accorder la décoration d'officier de la Légion d'honneur, qu'il méritait d'ailleurs par trente années de services.

J'obtins encore, des bontés du Roi, une marque d'intérêt pour une autre notabilité dunkerquoise, victime de l'oubli ou de l'indifférence dont nos temps de discordes ont fourni trop d'exemples, et qu'un ministre, animé du désir du bien, est heureux de réparer, quand il le peut. La notoriété publique me signala un vieux capitaine de corsaire, dont la carrière datait de l'origine de notre première révolution. Cette carrière avait été presque fabuleuse, tant elle présentait d'incidents marqués au coin de l'audace, de la sagacité, de la persévérance et d'un courage à toute épreuve, suivis de très-nombreux et brillants succès, dont plusieurs avaient procuré de grands avantages au pays même; il en gardait le souvenir, à la vérité, mais sans les récompenser. Plusieurs actions de ce vieux marin rappelaient celles de Jean Bart, son compatriote, à qui on le comparait souvent. Mais la fortune avait tourné à son égard : il était vieux, dans le besoin ; c'était une relique dont le culte avait cessé, sans qu'on s'en avouât la cause. La voix publique l'assignait unanimement à l'ingratitude des gouvernements qui s'étaient succédé. Je voulus que le gouvernement du Roi n'encourût pas ce reproche.

Les autorités locales m'ayant confirmé les assertions populaires sur le capitaine Pluket, et les bureaux de la marine ayant reconnu ses nombreux titres à une récompense honorifique, je demandai au Roi et obtins la décoration de la Légion d'honneur, et un secours annuel de deux cents francs, dont le capitaine Pluket a joui jusqu'à sa mort, arrivée l'an dernier.

Je restai cinq jours à Dunkerque. Je visitai son établissement maritime, et les travaux exécutés dans ce port depuis mon premier départ en 1793 : ils l'avaient considérablement amélioré. C'est à la bonne direction donnée aux jetées, et à leur bon état d'entretien, que, comme on vient de le voir, *le Véloce* devait son salut.

Je réunis plusieurs fois les autorités de la ville et du port, dont je remarquai avec satisfaction le bon esprit, l'accord mutuel et l'attachement au gouvernement du Roi ; j'eus l'honneur de les recevoir à dîner, et je partis pour le château d'Eu.

En m'y rendant, je traversai plusieurs de nos places de deuxième et troisième ligne, dont je vis avec regret les remparts entièrement désarmés, dépourvus d'entretien, et les fossés disparus sous les décombres et les joncs, par suite de vingt-cinq années de paix, de deux occupations ruineuses par des alliés puniques, et d'une coupable insouciance de notre part.

J'arrivai, le 22 août, au château d'Eu, où le Roi m'accueillit avec sa bienveillance habituelle.

Je retrouvai Sa Majesté aussi calme, aussi ferme, aussi tranquille que si, à cinq jours de là, elle ne s'était pas vue au moment de périr au pied de la jetée de Calais; que si la France et la paix de l'Europe n'avaient pas été menacées par un traité (15 juillet) signé par quatre puissances, sous les instigations de lord Palmerston.

Rentré à Paris, le 23 août, je repris l'exercice de mes fonctions de ministre de la marine dans le cabinet du 1er mars. Ce cabinet avait de grands devoirs à remplir; il s'en est acquitté avec une habileté et un courage que l'avenir seul appréciera. Je me suis associé à mes collègues avec le dévouement profond que m'inspira la conviction de leur haute capacité et de leur patriotisme.

J'avais vu, dans le cours d'une longue carrière, des tempêtes plus menaçantes peut-être que celle des 16 et 17 août; mais celle-ci avait lieu dans des circonstances politiques très-critiques, et dans *la Manche,* dont on connaît les dangers. J'avais, en outre, pour hôte, à bord, Sa Majesté le roi Louis-Philippe, et une partie de la famille royale; c'est-à-dire, la plus haute, la plus auguste, la plus gracieuse personnification de mon pays. Ma responsabilité fut donc immense, et je le sentais profondément. Aussi mes anxiétés furent-elles, et me paraissent encore aujourd'hui (après plus de huit ans) inexprimables; elles ne s'effaceront jamais de mon souvenir.

Plusieurs preuves de courage avaient été remarquées par le Roi lui-même pendant son séjour à bord du *Véloce.* Sa Majesté voulut qu'elles lui fussent rappelées, et qu'on y joignît celles que le vaillant équipage de ce bâtiment, plusieurs marins de Boulogne et de Calais embarqués volontairement, y avaient ajoutées dans le trajet jusqu'à Dunkerque; et sur ma proposition, cinq croix d'honneur, quatre médailles et plusieurs avancements en grades furent accordés à ceux qui s'étaient le plus distingués dans cette courte, mais périlleuse campagne du *Véloce*, du Tréport à Dunkerque.

LISTE NOMINATIVE

DES PERSONNES EMBARQUÉES SUR *LE VÉLOCE*,

BATEAU A VAPEUR DE 200 CHEVAUX,

dans le voyage du Roi du Tréport à Calais, le 16 *août* 1840.

S. M. LE ROI.
S. A. R. le duc de Nemours.
S. A. R. le duc d'Aumale.
S. A. R. le duc de Montpensier.
S. A. R. madame la duchesse de Nemours.
S. A. R. madame la princesse Clémentine.
S. A. R. madame la princesse Adélaïde.

MINISTRES.

M. le vice-amiral baron Roussin, ministre de la marine et des colonies.

M. le lieutenant général Despans de Cubières, ministre de la guerre.

DAMES DE LA REINE ET DES PRINCESSES.

Madame la marquise de Dolomieu.

Madame Agnelet.

AIDES DE CAMP ET OFFICIERS D'ORDONNANCE.

M. le lieutenant général Aymès, aide de camp du Roi.

M. de Graves, lieutenant de vaisseau, officier d'ordonnance du Roi.

M. de Nègre, officier d'ordonnance des princes.

(Chacun des princes avait son officier d'ordonnance avec lui.)

PERSONNAGES DIVERS ACCOMPAGNANT LA COUR.

M. le lieutenant général Teste.

M. Delporte, préfet de la Seine-Inférieure.

M. Denois, commissaire général de la marine.

M. Fontaine, député, bibliothécaire du Roi.

M. Latour, précepteur des princes.

M. de Cailleux, directeur des musées royaux.

M. Lange, commissaire de marine.

M.   médecin du Roi.

SUITE DU ROI.

M. Ch. Dubuquoi, contrôleur de la bouche ; un domestique peu nombreux.

Liste nominative de l'état-major du bateau à vapeur le Véloce, *dans le voyage du Roi du Tréport à Calais, le* 16 *août* 1840.

M. Béchameil, capitaine de vaisseau, commandant.

M. Duvauroux, lieutenant de vaisseau.

M. Duchaillé, enseigne de vaisseau.

M. Racaud, enseigne de vaisseau.

M. Gautrau, chirurgien-major.

M. Vermot, commis d'administration.

Liste des personnes étrangères à l'équipage du Véloce, *qui se sont fait remarquer par leur bonne conduite dans le voyage du Roi du Tréport à Calais.*

M. Margollé, capitaine de port de Calais, nommé légionnaire.

M. Le Crève-Cœur, syndic des gens de mer, nommé légionnaire.

M. Pollet,
M. Lefèvre, } pilotes-côtiers de Calais, nommés légionnaires.

M. Huret, pilote-côtier de Boulogne, nommé légionnaire.

PARIS.— TYPOGRAPHIE DE FIRMIN DIDOT FRÈRES,
RUE JACOB 56.

www.ingramcontent.com/pod-product-compliance
Ingram Content Group UK Ltd.
Pitfield, Milton Keynes, MK11 3LW, UK
UKHW020548230726
13925UKWH00006B/2455

9 782014 113846